Stine Meyer

Mens vi venter...

- En julekalender med 24 opskrifter

Foto: Maj-Britt

Stine Meyer

Mor til to børn og ansat som faglærer på EUC Syd i Aabenraa.

Uddannet kok og tjener og har en læreruddannelse i biologi, fysik/kemi og matematik.

Forlag: BoD – Books on Demand, København, Danmark
Fremstilling: BoD – Books on Demand GmbH, Norderstedt, Tyskland

1. udgave. November 2017

ISBN: 9788771884616

Forord

Når vi når til første søndag i advent, pynter vi huset op. Og når 1. december endelig kommer, er hele familien klar til julekalender, levende lys, sang ved klaveret og duft af hjemmebag. Julemåneden er for mig et dejligt mix af gode minder fra min barndom og nye tiltag. Historier om Nis Puk på loftet og min mors gamle kinabog med opskrifter er nogle af mine bedste barndomsminder.

Opskrifterne her i bogen er delt op efter, hvor krævende de er. De første opskrifter er således de nemmeste og hurtigste. De sidste opskrifter kræver god tid og god forberedelse.

F.eks. skal fordejen til honningkagerne gerne laves en måneds tid før brug, og den franske juletræstamme kræver en del pynt, der tager tid, men kan laves i forvejen.

Dej til småkager kan ofte fryses. Så er det dejlig nemt at tage en rulle dej op, skære småkagerne ud og bage dem. På den måde er der altid friskbagte småkager.

Bageriet stopper dog ikke helt, bare fordi vi når den 24. december. Vi må ikke glemme nytåret. Her hygger vi os med at bage kransekage og hvert år finde på en ny måde at udforme den på.

I december måned får vi ofte uventede gæster – og så er det rart at kunne stille lidt hjemmebag på bordet. Børnene er også gode til at invitere deres venner med hjem til julebagning. Så jeg har også lavet et par hurtige opskrifter – hvis man bare lige skal trylle lidt hyggeknas frem.

Det sværeste har nok været at udvælge de opskrifter, der skulle med i dette hæfte. Meget af vores konfekt og hjemmelavede slik har jeg derfor valgt fra. Jeg må simpelthen skrive endnu en bog med opskrifter på slik. Jeg har også fravalgt nogle af de småkager, vi ikke laver så ofte. F.eks. er sønderjyske fedtkager aldrig blevet en favorit hos os, selvom min far elsker dem. Og de svenske chokoladebrød med perlesukker er i teorien en helt almindelig småkage med kakaopulver i. Den opskrift må I finde andetsteds.

Foto: Stine

Indholdsfortegnelse

Før du går i gang

Som ved alle former for madlavning er det vigtigt at få vasket hænder, før man går i gang. Især når det drejer sig om deje, der skal æltes, skal der altså lige skrubbes ekstra godt under neglene.

Ofte er børn med i køkkenet i forbindelse med julebagningen. Hjælp dem med at holde en god hånd-hygiejne og hjælp dem med at holde deres arbejdsbord pænt og ordentligt.

Sørg for at veje tingene rigtigt af, inden I går i gang. Det giver måske lidt mere opvask, men til gengæld kan man få pakket alle råvarer væk, så der er plads på bordet, og så melposen ikke pludselig er smurt ind i kagedej.

Nogle gange kan der være brug for at slumpe sig lidt frem. Her er en oversigt over mål og vægt, der kan være nyttige at kende til:

1 dl væske = 100 g
1 tsk. krydderi = ca. 5 g
1 spsk. krydderi = ca. 15 g
1 dl sukker/mel = ca. 60 g
2 æg = 1 dl (ca. 120 g)

Når man laver småkagedej gælder det generelt om IKKE at ælte for meget. Det er kun i bagværk med gær, at der er brug for at udvinde gluten fra melet. Ved småkager skal dejen kun lige nå at samles til en homogen masse. Derefter skal man stoppe med at ælte. Dette gælder også, hvis man kører massen på en foodprocessor.

Som udgangspunkt bager jeg altid ved varmluft. Ved småkager skal ovnen dog være varmet op, inden småkagerne sættes ind, da smørret ellers når at smelte og løbe ud af kagedejen. Vælger du at bage ved normal varmefunktion, bør du sætte ovnen ca. 10 grader højere end angivet i opskriften.

Det er en god idé at vælge varmluft, hvis du skal have flere plader i ovnen på samme tid.

Hvis du har bøvl med, at bagepapiret blafrer i ovnen, når du bruger varmluftsfunktionen, kan du lægge et par gafler på pladen. Det holder papiret på plads. HUSK at gaflerne er varme, når pladen tages ud.
Du kan også dryppe et par dråber vand på ba-gepladen inden du lægger bagepapiret på, det kan også holde papiret på plads.

Foto: Stine

1. december

Historien bag opskriften

"Der lå en lille pebernød på kagedåsens bund, bummelum …" En hyggelig lille julesang, men næppe noget, der kommer til at ske hos os i julen.

Det første julebag, vi bager, er pebernødder. Opskriften er dejlig nem, og det tager ikke ret lang tid af fremstille denne lille, klassiske julesmåkage. Netop fordi det er så nemt at bage denne herlige, krydrede, lille småkage, er det noget, vi gør flere gange i løbet af julemåneden. Den er også super velegnet som en lille værtindegave.

Oprindeligt stammer pebernødden fra Tyskland i 1500-tallet. Det vil sige, at pebernødden blev bagt allerede før, det moderne komfur blev hvermandseje. Historisk set er det altså en af de ældste julesmåkager, vi kender.

Dengang var det en hård kugle, bagt på rugmel, sødet med honning og smagt til med krydderier. Det er det ikke længere. I dag er det en lille, sprød, luftig og kugleformet småkage med et snert af hvid peber, der giver den en lidt skarp kant.

Noter til opskriften

Herhjemme ynder vi at tilføre lidt ekstra krydderier, så den ikke alene får sin skarphed fra peber, men også fra ingefær. Lidt nelliker og kanel hjælper med at få hele huset til at dufte af jul.

Da det er en meget nem småkage, når vi ofte at bage flere portioner, før vi når til juleaften.

Dejen kan også rulles til lange stænger, pakkes i husholdningsfilm og frostpose og fryses til senere brug. Så er det dejlig nemt at tage en rulle op, lægge den til optøning et par timer på køl og derefter skære små stykker ud, der trilles og bages.

Foto: Mads

Pebernødder

Ingredienser

250 g mel

150 g margarine

150 g sukker

1 æg

1 tsk. vaniljesukker

1 tsk. hvid peber

½ tsk. kardemomme

½ tsk. nelliker

½ tsk. ingefær

Foto: Stine

Fremgangsmåde

Dejen æltes sammen og trilles til ensartede kugler. (Hvis den er for klistret at arbejde med, kan man med fordel lægge den lidt på køl).

Kuglerne placeres på en bageplade med lidt afstand mellem hver.

Tryk forsigtigt med tommelfingeren på hver enkelt kugle, så der kommer en svag fordybning i midten.

Pebernødderne bages i ca. 15 minutter ved 175 grader varmluft.

Foto: Mads

2. december

Historien bag opskriften

Der findes rigtig mange opskrifter på havregrynskugler; lige fra de helt simple til luksusudgaver med likør og marcipan.

Denne opskrift lærte min mor mig, da jeg var seks år gammel. Da den ikke kræver ovn, blev det hurtigt en form for slik, jeg selv kunne lave – også når min mor ikke var hjemme.

Den oprindelige havregrynskugle stammer vist fra krigstiden, hvor rationeringsmærker på f.eks. mel gjorde, at man måtte være opfindsom. Man skulle også tænke på at få mest næring for pengene. Dvs. at havre kom til at spille en vigtig rolle i meget bagværk.

Noter til opskriften

Denne opskrift indbyder til leg.

Forslag til smagsvarianter:

- Tørret frugt
- Kokosmælk
- Peanutbutter
- Karamel
- Lakrids
- Sherry/likør
- Kondenseret mælk
- Syltetøj

Foto: Stine

Sjov og ballade.

Efter at have læst Harry Potter højt for børnene, fik de stor lyst til at smage *Berties multismagsbønner*. *Jelly Beans* har lavet et spil, hvor man aldrig ved, hvilken smag man får. Spillets høje pris gjorde, at vi gik om bord i de forskellige smage, vi havde fra vores bolchesæt, og hvad vi ellers kunne finde i køkkenet, og så lavede vi små havregrynskugler med meget forskellig smag. Herefter havde vi meget sjov ud af at udfordre hinanden. Okay, måske ikke altid lige sjovt. I hvert fald kan jeg af erfaring fortælle, at soja bestemt ikke passer til havregrynskugler! Men mit ansigtsudtryk, da jeg spiste den, var til stor underholdning for min datter, der i samme omgang kunne nyde en havregrynskugle med jordbærsmag.

Havregrynskugler

Ingredienser

300 g havregryn

200 g flormelis

100 g smør

2 spsk. kakao

Ca. ½ dl fløde eller mælk

Evt. kokosmel

Foto: Stine

Fremgangsmåde

Havregrynene kan males lidt finere i en foodprocessor.

Havregryn, flormelis og smør smuldres sammen. Tilsæt kakao.

Saml dejen med fløde eller mælk, til den kan formes til kugler.

Form kugler i den ønskede størrelse.

Tril kuglerne i kokosmel, chokoladekrymmel eller kakaopulver.

Til luksusudgaven dyppes kuglen i smeltet, hvid chokolade og trilles derefter i kokosmel eller pyntes på anden måde.

Foto: Stine

3. december

Historien bag opskriften

I middelalderen havde man et jord-til-bord koncept, der nu igen finder vej ind i mange køkkener. Man udnyttede, hvad man kunne samle i naturen. Nødder var typisk et af de emner, man betalte i skat til kongerne.

Nødder blev anvendt som snack og som mel i brød – brændte, røgede eller saltede.

Mandler gror i Middelhavslandene og i Californien, men trives ikke her i det nordlige Europa. Selve ordet mandel stammer fra det latinske *amanda,* der betyder "bør elskes".

Der findes to mandeltyper – den bitre og den søde. Det er de søde mandler, man bruger, og det er også dem, man finder i butikkerne, da der i de bitre mandler findes blåsyre, som er giftigt i større mængder.
Oftest køber vi mandler uden skaller, men dog stadig med den brune hinde på.

Hvis man ønsker at fjerne hinden, lægges mandlerne kort tid i kogende vand, hvorefter de kan "smuttes". Man kan også udskifte mandler med f.eks. hasselnødder.

Noter til opskriften

Det er vigtigt, at man tilsætter lidt vand, selvom det skal fordampe igen – det forlænger nemlig tilberednings-tiden tilpas meget til, at mandlerne når at blive gennembagte og får den gode smag, som mandler kun får, hvis de æteriske olier i mandlen når op på en vis temperatur.

Hvis man ønsker at chokoladeover-trække mandlerne i stedet for at gla-sere dem, skal man huske lige at ba-ge dem i ovnen ganske kort tid eller riste dem på panden.

Foto: Stine

Brændte mandler

Foto: Stine

Ingredienser

¼ dl vand
150 g mandler
100 g sukker

Fremgangsmåde

Vand, sukker og mandler varmes op i en pande. Sørg for at bruge en pande, der er stor nok til, at mandlerne ligger i et lag. Rør roligt rundt i mandlerne, mens sukkeret opløses.

Efterhånden som vandet fordamper, vil sukkermassen se grumset og tør ud. Bliv ved med at varme op.

Når sukkeret begynder at smelte, skruer man en smule ned for varmen. Man skal passe godt på, at mandlerne ikke bliver brændt. Rør konstant rundt i mandlerne, indtil sukkeret er smeltet, og det begynder at karamellisere. Tag panden af varmen, hvis det er svært at styre temperaturen.

Når mandlerne er færdige, hældes de over på et stykke bagepapir. Brug to gafler eller en grydeske til at sprede dem ud, så de ligger i et lag og gerne med lidt afstand. Er der alligevel mandler, der hænger sammen, kan man knække dem fra hinanden, når de er kolde.

Lige når mandlerne er hældt ud på bagepapiret, kan man evt. sigte lidt lakridspulver hen over dem.

Prøv dig frem med forskellige smagsvarianter; erstat noget af sukkeret med honning, tilfør lidt kanel til sukkeret, eller prøv med lidt ingefær eller chili.

Foto: Stine

11

4. december

Historien bag opskriften

En meget simpel, lille småkage. Navnet er sandsynligvis opstået pga. småkagens størrelse, der oprindeligt svarede til størrelsen på mønten "specie" (en gammel dansk rigsdaler, der svarer til ca. 4 kr.). Eller også stammer navnet fra det latinske *specie*, der betyder slags og hentyder til de forskellige udgaver af samme simple småkage.

Specien stammer formentlig fra år 1840, da jernkomfuret kom til.

Noter til opskriften

Lav gerne dobbelt portion og frys halvdelen af dejen ned. Rullen pakkes godt ind i husholdningsfilm og frysepose. Dejen tages op et par timer før brug til optøning i køleskabet. Herefter skæres småkagerne ud og bages.

Den klassiske specie er pyntet med mandelflager. Dette minder så meget om opskriften på jødekager, at vi har valgt at tilføre et lille twist i form af tranebær og appelsin i dejen. Andre sjove variationer laves ved at tilsætte forskellige krydderier som f.eks. kanel eller kardemomme i dejen. Udover mandelflager kan man også vælge at pynte med revet citronskal eller drysse revet chokolade ud over de varme nybagte specier.

Foto: Stine

Specier

Ingredienser

200 g smør

250 g hvedemel

75 g flormelis (ca. 1½ dl)

½ stang vanilje

25 g perlesukker (kan undlades)

1 håndfuld tørrede tranebær

Revet skal af ½ appelsin

Bagefast chokolade

Foto: Stine

Fremgangsmåde

Knus vaniljekornene i lidt af sukkeret.
Rør mel, smør og sukker godt sammen (evt.
i en røremaskine) og ælt derefter dejen
sammen på bordet. Tilsæt tranebær,
chokolade og appelsinskal (husk kun at
bruge den yderste, orange del af skallen!)
Rul dejen til en lang ensartet stang, tril den i
perlesukker og pak rullen ind i hushold-
ningsfilm.
Læg rullen i køleskabet til næste dag.

Skær stængerne i ½ cm tykke skiver og læg
dem på en bageplade, beklædt med
bagepapir.
Drys evt. kagerne med pynt og bag dem ved
180 grader varmluft, til de er gyldne.

Foto: Stine

13

5. december

Historien bag opskriften

Fedtebrød er måske mest kendt som en julesmåkage, men er også at finde på det sønderjyske kaffe-bord. Hvor opskriften egentlig stammer fra, ved jeg ikke, men der er ikke sparet på smørret, så mon ikke navnet hentyder til indholdet af fedtstof.

Fedtebrød bør dog ikke forveksles med fedtkager, der er en helt anden småkage, der er baseret på svinefedt.

Noter til opskriften

Opbevares i en kagedåse – evt. med et stykke fedtsugende papir i bunden. De bliver hurtigt bløde ved opbevaring. De smager nu også bedst, når de er lune og friskbagte, da den store mængde smør gør, at de virker meget fede, når de er kolde.

Foto: Stine

Fedtebrød

Ingredienser

200 g blødt smør

100 g sukker

100 g kokosmel

200 g hvedemel

½ tsk. hjortetaksalt

4 dl flormelis

3 tsk. rom

2 spsk. kogt vand

Foto: Stine

Fremgangsmåde

Smør, sukker og kokosmel røres godt sammen. Evt. på røremaskine.

Tilsæt mel, iblandet hjortetaksalt og ælt det sammen, til dejen er fast. Dejen stilles derefter koldt i en times tid, hvorved den bliver hård.

Saml dejen til lange dejpølser og tryk dem flade med hånden eller en kagerulle.

Bag fedtebrødsstængerne 8-10 minutter ved 150 grader varmluft, eller til de er gyldne og sprøde.

Rør flormelis med romessens. Tilsæt vand lidt ad gangen, til glasuren er sej og tyktflydende.

Påfør glasuren på stængerne, straks de er kommet ud af ovnen og skær herefter fedtebrødene ud i stykker.

Stængerne skal skæres ud, imens de er lune. De vil smuldre, hvis de når at blive for kolde/sprøde.

Lad fedtebrødene køle af på en bagerist, til glasuren er helt stivnet.

Foto: Stine

6. december

Historien bag opskriften

Opskriften findes tilbage fra år 1856. Men navnet jødekage kendes allerede fra 1700-tallet, hvor jødiske bagere i København har ment, at den lignede en kage fra deres hjemstavn. Ikke mindst pga. de anvendte krydderier som f.eks. kanel eller kardemomme.

Nordjyderne bruger sjovt nok betegnelsen jødekage om en kanelsnegl (wienerbrød)!

Ofte blev de små småkager solgt ved juletid til at fylde i kræmmerhusene.

Noter til opskriften

Dejen kan fryses, så lav evt. dobbelt portion og pak nogle af rullerne ind i husholdningsfilm og læg på frost. Så er det dejligt nemt at tø en rulle op i køleskabet, skære i skiver, pynte og bage nye, friske jødekager.

Foto: Stine

Jødekager

Ingredienser

330 g mel

250 g smør

200 g sukker

2 æggeblommer

1 æggehvide

3 spsk. sukker (til pynt)

1 spsk. stødt kanel/kardemomme

50 g mandelflager eller splitter

Foto: Stine

Foto: Stine

Fremgangsmåde

Smuldr mel og koldt smør sammen, til det ligner revet ost.

Tilsæt æggeblommer og sukker og ælt dejen sammen til en jævn masse. Ælt ikke mere end højst nødvendigt.

Rul dejen ud til en pølse med en diameter på ca. 5 cm. Pak dejen ind i husholdningsfilm og læg den på køl i et par timer.

Skær tynde skiver af dejen. Læg skiverne på en bageplade med papir og pensl dem med æggehvide. Bland lidt sukker med de ønskede krydderier og mandelflagerne og drys pynten ud på småkagerne.

Kagerne bages midt i ovnen ved 200 grader, til de er lysebrune (ca. 5 minutter, alt efter hvor tykke skiverne er).

Bages der flere plader på en gang, skift da til varmluft og sæt temperaturen til 180 grader.

7. december

Historien bag opskriften

En af historierne bag denne kage er, at den stammer fra Wien, hvilket giver god mening, da Wien er hjemsted for mange kendte kager. På et tidspunkt var Wien besat af Tyrkiet. Og da besættelsen sluttede, fejrede man det ved at bage en måneformet kage (af gærdej), der blev serveret på en rød serviet. På den måde kunne man spise kagen, tørre sig om munden og derefter smide det tyrkiske flag i skraldespanden. Det var selvfølgelig en hån – men man kunne forestille sig, at bagerne senere hen udviklede kagen og anvendte mørdej, men beholdt formen. Den serveres dog ikke længere som et tyrkisk flag, men nydes i dag i store dele af Europa som en meget kendt julesmåkage.

Jeg stiftede først bekendtskab med kagen gennem familie i Tyskland. De fleste tyskere kender denne småkage. Sjovt nok er den ikke særlig kendt her i Danmark.

I en af de ældste opskrifter, der er fundet, er der brugt valnødder – hvilket også gør, at jeg peger på Østrig i stedet for Tyskland som oprindelsesland.

I dag er det dog, som man kan høre på navnet, vaniljesmagen, der dominerer. Vanilje stammer oprindeligt fra Afrika – så mon ikke der er mange gode historier bag denne småkage.

I dag fås kagerne i mange udgaver – med valnødder, mandler, overtrukket med chokolade, glaserede og i forskellige farver osv.

Kipferl er det tyske/østrigske ord for horn og hentyder naturligvis til kagens form.

Foto: Mads

Vanilje Kipferl

Ingredienser

210 g smør

70 g sukker

½ stang vanilje

100 g mandelmel

250 g mel

½ tsk. salt

25 g flormelis

2 spsk. vaniljesukker

Foto: Mads

Fremgangsmåde

Skrab kornene ud af vaniljestangen og knus dem sammen med lidt af sukkeret.

Pisk smør og sukker luftigt. Her kan man med fordel bruge sukker, der har ligget sammen med et par "tømte" vaniljestænger. Jeg har altid en dåse sukker stående, hvor jeg løbende lægger stængerne i.

Tilsæt mandelmel, mel og salt og stil dejen køligt i ca. ½ time.

Form små horn af dejen på størrelse med en tommelfinger og bag kagerne i en forvarmet ovn i 10-12 minutter ved 175 grader varmluft. Kagerne skal være lyse gyldne.

Bland flormelis med vaniljesukker og sigt blandingen hen over de lune kager.

Foto: Mads

8. december

Historien bag opskriften

Et af mine tydeligste barndomsminder er, når vi til jul bagte brunkager. Altså, det var i hvert fald, hvad min mor påstod, at vi gjorde. Siden hen er det gået op for mig, at de kagefigurer, jeg som barn har stukket ud, absolut intet har at gøre med de brunkager, de fleste kender i dag.

Måske skyldes det, at industriel fremstilling er nemmere, når småkagen er rund. Umiddelbart er det også svært at stikke figurer ud af en dej, der indeholder mandelsplitter.

Men uanset hvilken dej min mor havde lavet, så elskede min søster og jeg at stå i vores 70'er landkøkken på den ene side af bordet, iført små forklæder, som min mor havde syet af viskestykker, og stikke figurer ud.

Både traditionen med de omsyede viskestykker og udstikning af figurer har jeg taget med mig. Og ofte bliver børnenes legekammerater inviteret med. Jeg har dog lavet en lidt anden opskrift, som jeg synes er bedre egnet til at stikke figurer ud af.

Dejen laver jeg på forhånd, så det hele står klart, når vennerne kommer. Og så bliver der ellers rullet og stukket ud, bagt og pyntet. Hvert barn har sin egen plade og får deres egne figurer med hjem.

Noter til opskriften

Til glasuren bruger jeg æggehvider i stedet for vand, da det gør glasuren mere elastisk. Jeg anvender normalt pasteuriserede æggehvider pga. faren for salmonellasmitte, men risikoen i Danmark er nu så lille, at man igen kan at anvende æggehvider fra friske, danske æg.

Foto: Stine

Kanelkagefigurer

Ingredienser

400 g hvedemel

200 g smør

150 g flormelis

5 æggeblommer

2 tsk. nelliker (stødt)

4 tsk. kanel (stødt)

150 g flormelis (til glasur)

1-2 æggehvider (ca. 50 g pasteuriserede)

Evt. frugtfarve og pynt

Foto: Stine

Fremgangsmåde

Smør rives på et rivejern eller skæres i tern og æltes sammen med de tørre ingredienser. Dejen skal smuldre. Saml dejen med æggeblommerne og rør den til en ensartet masse. Sæt massen på køl i mindst ½ time eller evt. til næste dag.

Drys en smule mel på bordet og rul dejen ud til den ønskede tykkelse (ca. ½ cm).
Udstik figurer med forme, brug et glas eller skær figurer ud.
Læg figurerne på en bageplade med bagepapir. Store figurer samles på en plade, små på en anden, da de ikke skal have lige lang bagetid.
Alle dejrester kan nu æltes sammen til en ensartet masse og udrulles og udstikkes igen.
Af restdejen kan man lave små pebernøddelignende kager.

Figurerne bages ved ca. 170 grader varmluft. Alt efter ovn og størrelse skal de have 10-15 minutter. Hold øje med dem – de må ikke blive brændt i kanterne.

Pisk flormelis og æggehvide luftigt med en håndmikser. Glasuren må ikke flyde sammen – er den for tynd, piskes der mere flormelis i. Form et kræmmerhus af bagepapir og hæld glasuren heri. Nu kan man udsprøjte fine mønstre på de afkølede kanelkager.

Man kan evt. tilføje frugtfarve i glasuren eller pynte med sukkerkugler, frysetørrede hindbær, hakkede nødder, eller hvad man nu lige har lyst til.
Man kan købe små billeder (ligner glansbilleder) lavet af sukker, som man også kan pynte figurerne med.

Kagerne skal lufttørre et par timer og derefter opbevares i tætsluttende dåser.

9. december

Historien bag opskriften

Kløben er en sønderjysk variant af den tyske julekage *Stollen*. Min mormor, der havde stor forkærlig-hed for dialekter og derfor både beherskede plattysk og sønderjysk, fortalte mig, at kløben på plattysk betyder kløft. Jeg tænker, at ordet hentyder til den fold, der opstår, når man folder dejen.

Noter til opskriften

Marcipan er ikke en del af den traditionelle opskrift – det har jeg valgt at tilsætte her.
Pomeransskal og sukat kan have en lidt bitter smag. Når det er Noah og Lara, der bager, vælger de ofte at undlade disse ingredienser og i stedet fylde lidt flere rosiner i dejen.

Foto: Stine

Foto: Stine

Kløben

Ingredienser

3½ dl sødmælk

25 g gær

50 g smør

500 g hvedemel

½ tsk. fint salt

1 tsk. rørsukker

150 g rosiner

100 g revet marcipan

100 g hakket sukat/pomeransskal

125 g smuttede, hakkede mandler

Fintrevet skal af 1 citron

Foto: Stine

Fremgangsmåde

Lun mælken i en gryde, til den er fingervarm. Hæld den over i en skål og tilsæt gær. Smelt kort smørret i gryden og lad det køle lidt af, før det tilsættes blandingen.

Bland alle de tørre ingredienser sammen (hold evt. en smule af melet tilbage) og tilsæt blandingen.

Ælt dejen igennem, til den er glat og smidig. Juster evt. med lidt ekstra mel.

Form dejen til en kugle og lad den hæve i ca. 30 minutter.

Saml forsigtigt dejen og form igen til en kugle. Gentag hævningen.

Drys lidt mel på bordet og rul dejen ud til et rektangel. Brug kagerullen til at lave en fordybning i dejen på den lange side ca. ⅓ inde og rul resten af dejen en smule tyndere ud end den første del.

Fold den brede side af dejen ind, så det lange sidestykke kommer til at ligge i fordybningen.

Med en kniv fjernes forsigtigt de rosiner og sukatstykker, der ligger i overfladen (de kan evt. lige lægges ind under folden), da de ellers brænder på under bagningen.

Brødet kan enten bages i en bred, aflang form eller som almindeligt franskbrød frit på en bageplade, belagt med bagepapir.

Bages i ca. 30 minutter ved 180 grader varmluft.

Før servering pensles brødet med smeltet smør, og der sigtes flormelis ud over i et tykt lag.

Foto: Stine

10. december

Historien bag opskriften

Gode råd eller "goje raj", er for mig egentlig slet ikke en julekage. Den hører til på et klassisk, sønderjysk kaffebord. Da jeg er opvokset i Sønderjylland, og min mormor altid har haft stor forkærlighed for det sønderjyske, var jeg ikke særlig gammel, før jeg fandt interesse for kaffebordets mange herligheder. I dag er det dog en småkage, vi oftest bager til jul.

Sidste år skiftede jeg mit komfur ud med et induktionskomfur. Farvel til mit gode gamle arvestykke af et "goje raj-jern" og velkommen til det nye, elektriske apparat. Det er nu meget smart, og det sviner ikke nær så meget, men jeg mangler charmen ved at stå og vende jernet på kogepladen.
Til gengæld har vi opdaget, at det gamle jern er yderst anvendeligt over bålets gløder – og her gør det ikke så meget, hvis man sviner lidt.

Noter til opskriften

Halvdelen af melet kan evt. erstattes af kartoffelmel. Det giver en sprød småkage.

Dejen kan evt. krydres med:

- Revet citronskal
- Revet appelsinskal
- Vanilje
- Kanel
- Kardemomme
- Snaps
- Amaretto
- Grand Marnier
- Etc.

Foto: Stine

Gode råd

Ingredienser

100 g blødt smør

125 g sukker

3 æg

120 g mel

½ dl fløde/vand

Evt. 1 tsk. kardemomme

Evt. ½ stang vanilje

Foto: Stine

Fremgangsmåde

Vaniljekornene skrabes ud og knuses sammen med lidt af sukkeret. Smør, vanilje og sukker piskes luftigt. Kardemomme røres i melet. Mel og fløde tilsættes skiftevis lidt ad gangen.

Dejen piskes til en ensartet masse. Lad den hvile en times tid, hvorefter den bages på et gode råd jern.

Foto: Stine

11. december

Historien bag opskriften

Helt tilbage fra middelalderen finder man fortæl-
linger om "brunkagen", der også omtales som
"peberkage" pga. dens kraftige krydderisammen-
sætning. Hvordan kagen helt konkret så ud, vides
dog ikke.

Den moderne brunkage, vi kender i dag, kan i jule-
tiden købes alle steder. Man kan også købe færdi-
ge krydderiblandinger, hvis man vil lave en "hurtig
udgave".

Jeg husker stadig tydeligt min mors sirlige hånd-
skrift i hendes lille, sorte kinabog, og hvordan vi
hvert år til jul begav os udi at bage "brunkager".
Dog synes jeg også at huske, at vi stak figurer ud af
denne kagedej, hvilket ikke helt er sådan, man ser

Foto: Stine

brunkagen i butikkerne. Hvorom alting er, er brunkager i dag for mig forbundet med mandelsplitter,
orangeskal og sukat.

Foto: Stine

Noter til opskriften

Man kan sagtens lave dobbeltportion af dejen og
opbevare nogle ruller på frost eller køl.

Så er det dejligt nemt at skære skiver og
bage friske brunkager.
Du kan evt. vælge at skære skiverne lidt tykkere,
så får du en mere blød kage.

Foto: Stine

Brunkager

Ingredienser

250 g smør

250 farin

125 g sirup

7 g potaske

3 tsk. kold vand

1 spsk. kanel

½ tsk. ingefær

2 tsk. kardemomme

1 tsk. nelliker

Revet skal af 1 citron

50 g finthakkede mandler

Evt. 50 g finthakket orangeskal/sukat

Ca. 500 g hvedemel

Foto: Stine

Fremgangsmåde

Smelt smør, farin og sirup i en tykbundet gryde til en ensartet masse. Rør potaske ud i koldt vand. Tag gryden af varmen og rør straks potaske i blandingen.

Bland alle øvrige krydderier med citronskal og mandler og rør dem i sirupsblandingen.

Tilsæt sukat og orangeskal og køl massen helt ned.

Sigt mel i lidt ad gangen og rør/ ælt, til dejen slipper og er glat.

Del dejen i fire og tril pølser på 3-4 cm tykkelse.

Pak dem tæt i bagepapir og læg dem på køl i 1-2 døgn.

Skær tynde skiver (ca. 3 mm) og bag dem i forvarmet ovn ved 180 grader varmluft i 7-8 minutter.

Foto: Stine

12. december

Historien bag opskriften

"Snow Cookies" er et navn, vi selv har fundet på. Navnet passer så godt til småkagernes udseende og gør dem lidt mere julede. Jeg er ikke helt sikker på, hvor småkagerne stammer fra, men jeg har lært dem at kende med deres engelske navn "crinckle cookies", hvilket oversat velsagtens er noget i retning af "rynkede småkager". Men hvis man skal give dem et dansk navn, mener jeg, at krakelerede småkager ville være bedre egnet. Dejen ligner mere en browniedej end en småkagedej pga. dens bløde indre og sprøde overflade, men lækker er den under alle omstændigheder.

Noter til opskriften

Denne småkage smager fantastisk, når den er helt friskbagt. Den helt afkølede småkage kan godt opbevares i en dåse med tætsluttende låg, men har kun en holdbarhed på ca. 5 dage.
Til gengæld kan man med fordel løsfryse de små kugler, før de trilles i flormelis.

Foto: Mads

Snow Cookies

Ingredienser

225 g hvedemel

2 tsk. bagepulver

90 g kakao

300 g rørsukker

3 tsk. vaniljesukker

90 g smør

3 æg

Flormelis til drys

Foto: Mads

Fremgangsmåde

Bland alle de tørre ingredienser i en skål og smuldr stuetempereret smør heri.

Saml dejen med æggene og læg den på køl i ca. 1 time.

Beklæd to plader med bagepapir og tænd ovnen på 200 grader (helst ikke varmluft, men almindelig ovn).

Dejen formes til kugler på størrelse med valnødder.

Hæld flormelis i en lille skål og tril kuglerne heri, til de er helt dækkede af flormelis.

Læg kuglerne på bagepladen med lidt afstand i mellem, da de flyder ud ved bagning.

Kuglerne bages i ca. 10 minutter.

Lad kuglerne køle af 5-10 minutter på pladen, før de forsigtig flyttes over på en rist til videre afkøling.

Foto: Mads

13. december

Historien bag opskriften

Luciabrød, som vi kender dem i dag, stammer fra Sverige, hvor de kaldes "lussekatte". Det er en tolkning af en gammel, tysk tradition, hvor djævlen, i form af en kat, tæskede børn, mens Jesus, i form af et barn, gav de søde børn boller. Navnet lussekatte kan også stamme fra den nordiske mytologi, hvor Frejas vogn blev trukket af hendes to djævelkatte. Djævlen hed oprindeligt "Lucifer", som betyder lysets engel.

Brødene serveres traditionen tro i Sverige natten til den 13. december. For 1000 år siden fejrede Kong Knud lysfest den 13. december. Ordet "Lucia" minder om det latinske "lucis", som betyder "lys". I år 304 blev en ung pige ved navn Santa Lucia dræbt, fordi hun med lys på hovedet gik gennem mørke tunneler for at bringe brød frem til de skjulte, straffede kristne.

Figurerne er inspireret af nordiske og keltiske symboler samt religiøse ornamenter som f.eks. bukkehorn, lyren, stjerner, kors, solhjul osv. Online kan man finde mange skabeloner og tegninger.

Foto: Maria

Noter til opskriften

Dejen er lidt krævende. Det er vigtigt, at melet tilsættes lidt ad gangen, og at der æltes godt, så der frigives gluten. Dejen skal være meget elastisk.

Nogle vælger at tilsætte rosiner i selve dejen. Men da ingen af os herhjemme er vilde med bagte rosiner, nøjes vi med at pynte med dem. Rosinerne kan evt. udblødes i rom eller lignende og på den måde være med til at give deres egen særprægede smag til luciabrødene. På samme måde kan man evt. tilsætte kardemomme eller andre julekrydderier til dejen.

Luciabrød

Ingredienser

2½ dl letmælk

1 tsk. sukker

2 tsk. salt

½ pk. gær

420 g hvedemel

1 g safran (eller 1 tsk. gurkemeje)

100 g smør

90 g flormelis

1 sammenpisket æg

25 g mandelmel

Rosiner/korender til pynt

Foto: Stine

Fremgangsmåde

Gær, sukker og salt røres i mælken. Tilsæt halvdelen af melet og rør dejen lind.

Stød safran i en morter (evt. sammen med ½ tsk. sukker, så er det lidt nemmere). Tilsæt ½ tsk. vand, så det bliver flydende.

Rør smør og flormelis blødt og tilsæt halvdelen af ægget. Tilsæt safranvandet og mandelmel og ælt blandingen ind i dejen. Tilsæt resten af melet lidt ad gangen og ælt dejen smidig. Den må gerne være blød.

Lad dejen hæve til dobbelt størrelse et lunt sted.

Del dejen i 20 lige store stykker og lav figurer af hver dejklump. Hav evt. lidt mel klar, hvis dejen er for klistret, men brug det med varsomhed. Læg figurer med ca. samme størrelse på samme bageplade og lad dem efterhæve til dobbelt størrelse.

Pensl figurerne med resten af ægget og pynt med rosiner, der har ligget ½ minut i kogende vand.

Brødene bages i 10-12 minutter ved 200 grader varmluft.

Foto: Stine

31

14. december

Historien bag opskriften

Da jeg var ung, sværgede jeg til min gamle kødhakker, når jeg lavede vaniljekranse. I dag har den desværre måttet vige pladsen til fordel for min køkkenmaskine, der også har en kødhakkerfunktion. Og for en lille ekstra betaling fik jeg stjerneformede skiver med, så jeg kan lave mine vaniljekranse på den. Men det er ikke helt det samme. Indimellem tager jeg mig selv i at overveje at anskaffe mig en kødhakker med svinghåndtag og det hele .

Vaniljekransen er efter sigende en traditionel dansk småkage fra 1840'erne. Ud over at den smager himmelsk, er den også meget dekorativ. Da vi et år havde bagt vaniljekransene lidt for mørke, valgte vi at binde en rød sløjfe i dem og hænge dem op på en grangren. Det ser både smukt ud og dufter fantastisk, og er nu en fast tradition. Altså ikke at brænde kagerne på, men at bruge nogle af dem til pynt.

Foto: Stine

Noter til opskriften

Der findes en del opskrifter uden mandelmel og marcipan. Begge dele synes jeg dog bidrager til den helt rigtige vaniljekransemag, så derfor synes jeg ikke, de bør undlades.

Vaniljekranse

Ingredienser

250 g mel

125 g sukker

75 g marcipan

200 g smør

2 æg

25 g mandelmel

1½ stang vanilje

½ tsk. hjortetaksalt

Fremgangsmåde

Foto: Stine

Bland mel med hjortetaksalt.

Flæk vaniljestængerne og skrab kornene ud. Knus dem sammen med lidt af sukkeret.

Bland mel, sukker, vaniljesukker, smør og marcipan. Smuldr det til en grynet masse.

Massen samles med æggene.

Hvis vaniljekransene skal laves på kødhakkeren, er det en fordel at rulle dejen ud i pølser og lægge dem på køl. Skal de sprøjtes ud med sprøjtepose, skal dejen helst have stuetemperatur.

Dejen sprøjtes ud og samles til ringe. Alt efter, hvor tykke ringene er, varierer bagetiden. Bag kagerne ved ca. 180 grader varmluft. Hold godt øje med kransene, når de efter 8-10 minutter begynder at blive gyldne, er de færdige. Kransene afkøles på en rist efter bagning.

Foto: Stine

15. december

Historien bag opskriften

Jeg har altid elsket smagen af dette stykke konfekt, men det var først som voksen, det gik op for mig, hvordan det var fremstillet. Det måtte prøves, og efter mange klistrede forsøg og rigtig meget rengøring lykkedes det endelig at fremstille konfekten rigtig.

Fransk nougat (eller hvid nougat) består af en sej marengsmasse blandet med nødder og kandiseret frugt. Sjovt nok dukkede denne type konfekt op i Italien allerede i 1500-tallet, men først 200 år senere i Frankrig. Dog er der lignende opskrifter at finde flere hundrede år tidligere i kogebøger fra Mellemøsten, bl.a. i kogebøger fra Bagdad og Istanbul. Måske er det derfor, at amerikanerne kaldte den hvide nougat "Tyrkisk Delight", som faktisk er en helt anden type konfekt.

Noter til opskriften

Man kan bruge alle slags nødder og kandiseret frugt.
Prøv f.eks. med valnødder, hasselnødder, cocktailbær, sukat eller andet.
Nødder bør altid ristes i ovnen, da det fremmer deres smag. (150 grader i ca. 5 minutter).

Denne opskrift er med glukose, som kan købes i de fleste større butikker. Der findes også opskrifter uden, men jeg synes, at glukosen er nemmere at arbejde med.

Det er meget vigtigt at overholde temperaturerne, da de har afgørende betydning for konsistensen.

Foto: Stine

34

Fransk nougat

Ingredienser

250 g sukker

100 g glukose

125 g vand

125 g honning

75 g æggehvider (ca. 2 stk.)

1 tsk. flormelis

75 g pistacienødder

75 g mandler

75 g tørrede tranebær

Foto: Stine

Fremgangsmåde

Sukker, vand og glukose koges op. Hvis det bliver for varmt op ad grydens sider, kan man pensle siderne med koldt vand. Sukkeret må helst ikke krystallisere.

Foto: Stine

Dette kan man gøre 4-5 gange, indtil massen er 140 grader. Her tilsættes honningen, og massen koges nu op til præcis 148 grader.

Æggehviderne piskes til skum. Pisk videre, mens den varme sukkerlage hældes i i en tynd stråle.
Bliv ved med at piske, til massen er 40 grader.

Vend nødder og tranebær i massen og fordel den i en bageplade, beklædt med bagepapir. Læg også bagepapir hen over massen og pres evt. massen til den rette form/tykkelse.
Lad nougaten køle af – helst til dagen efter. Fjern forsigtigt bagepapiret og drys med flormelis.
Nougaten skæres i passende stykker med en skarp kniv.

16. december

Historien bag opskriften

I gamle dage i Sønderjylland blev æbleskiver med sveskefyld bagt året rundt. I dag ser vi dem mest til jul og oftest uden svesker. Ja, helt uden nogen form for fyld.

I 1700-tallet var æbleskiver en skive æble, vendt i mel og æg og derefter stegt i smør på panden. Denne udgave findes stadig på Als.

I bogen "Peters jul" hører vi om de æbleskiver, vi kender i dag. Da æbleskiver uden fyld også kendes i Nederlandene og Tyskland, kunne det tænkes, at de sønderjyske æbleskiver er blevet fyldt med æbler og svesker netop pga. navnet og ikke omvendt.

Jeg har en gammeldags æbleskivepande af jern. Det vil sige, at mine æbleskiver skal bages, fyldes og vendes. Det er netop en del af charmen. Som lille var æbleskiver ikke min favorit. Måske det skyldes, at jeg ofte fik de dybfrosne æbleskiver, man kan købe i supermarkedet. Og det er slet ikke det samme som de fedtede hjemmebagte.

Noter til opskriften

Det er ligesom ved pandekager vigtigt, at panden er varmet godt op, og at der er lidt smør at stege i. Ellers hænger skiverne fast, når de skal vendes. I dag har mange en elektrisk æbleskivebager. Det griser lidt mindre, men for os går der ofte sport i at kunne lave den perfekte runde æbleskive. Tricket er lige at fylde efter med en smule ekstra dej, inden den vendes.

Foto: Stine

Æbleskiver

Ingredienser

250 g mel (ca. 4 dl)
25 g sukker
½ tsk. natron
4 dl kærnemælk
3 æg
50 g smør
1 tsk. revet citronskal og vaniljesukker
Fyld: Æbler (evt. med kanel), svesker etc.
Flydende fedtstof til stegning

Foto: Stine

Fremgangsmåde

Mel, natron og sukker røres sammen med kærnemælken til en glat masse.

Æggene deles, og æggeblommerne piskes i massen. Smelt 50 g smør og pisk det i dejen.

Æggehvider piskes luftige og vendes i dejen.

Fyld hullerne helt op og bag æbleskiverne ved jævn varme. Vend dem på højkant med en strikkepind og fyld efter, før de vendes helt.

Foto: Stine

17. december

Historien bag opskriften

Florentiner forbinder jeg med min fars kæreste. Hun køber altid denne småkage til jul, og jeg elsker den simpelthen. I alle afskygninger!

En gang havde hun købt en speciel god småkage, og jeg tænkte, at den måtte jeg efterligne.

Det blev ikke helt det samme, men resultatet blev alligevel en fantastisk julesmåkage.

Florentiner betyder direkte oversat "en person fra Firenze". Dog ser det ud til, at småkagen sandsynligvis stammer fra Frankrig. Måske er den navngivet til ære for Katarina af Medici, der er født i Firenze og senere gift med den franske hertug, der senere blev Henrik den 2. af Frankrig.

Noter til opskriften

Man kan variere denne småkage med mange forskellige nødder, cocktailbær, tørret frugt med mere. Om man ønsker chokoladeovertræk er ganske valgfrit.

Florentiner kan evt. lægges sammen to og to med flødeskum, smørcreme eller kagecreme imellem.

Foto: Stine

Florentiner

Ingredienser

25 g pistacienødder

60 g mandelflager

25 g hasselnødder

40 g tranebær

75 g smør

75 g sukker

20 g honning

2 spsk. fløde

2 spsk. mel

Evt. saft og skal af 1 appelsin

1 dl sukker til lagen

Foto: Stine

Fremgangsmåde

Appelsinskallen kan sagtens udelades. Men vælger man at bruge den, bør den kandiseres først. Fjern først alt det hvide kød fra skrællen, og skær den så ud i tynde strimler. Pres saften ud af appelsinen og kog den med 1 dl sukker. Lad strimlerne koge med, indtil de er blevet klare. Fisk strimlerne op og læg dem til afkøling. Man kan evt. koge lagen ind til sirup, som man kan bruge i en smørcreme.

Nødder, bær og kandiseret appelsinskal hakkes til små tern/flager.

Begynd at smelte smørret i en gryde. Mens det smelter, tilsættes honning, nødder, frugt, sukker, mel og fløde.

Opvarm ved lav varme under omrøring, til massen når kogepunktet.

1 spsk. dej lægges med god afstand på bageplade med bagepapir. Jeg har med fordel bagt dem i forme. Jeg fik foræret nogle silikoneforme, der egentlig skulle bruges til at lave minipandekager i. Men de er også perfekte til at bage disse småkager i. Bruges linseforme, er mit råd, at man smører formene godt eller beklæder dem med olieret bagepapir. De små aluminiumsforme kan også bruges.

Kagerne skal bage i ca. 10 minutter ved 180 grader varmluft. Når de er gyldne, skal de ud.

Når kagerne er kølet af, kan de løftes ud af formene.

Smelt mørk chokolade over et vandbad eller i mikroovn (rør jævnligt i chokoladen) og dyp den ene halvdel af kagen heri. Man kan også smelte hvid chokolade, fylde det i en sprøjtepose, og sprøjte et fint mønster ud over kagerne.

Smørcreme laves af 50 g smør/flødeost og 100 g flormelis, der piskes luftigt. Tilsæt evt. citronsaft og frugtfarve.

18. december

Historien bag opskriften

Åh, hvor har vi dog brugt mange timer i køkkenet på denne lille småkage – og bestemt ikke kun til jul.
Nu har vi endelig fået tilpasset opskriften, så den bliver præcis, som vi kan lide den.
Nogle vil gerne have en sprød småkage, andre en "chewie". Nogle kan lide dem kæmpe store, andre vil hellere have en mindre udgave.
Vi kan lide dem mellemstore og tilpas chewie, men sprød på ydersiden.

I Danmark er cookien vel egentlig ikke særlig julet. Men i Amerika sætter børnene cookies og mælk frem til julemanden og forventer så, at der næste morgen er spist af småkagerne, og at der ligger gaver under træet eller i sokken.

Noter til opskriften

Hvis man undlader havregrynene, vil småkagen flyde mere ud.
Man kan med fordel lade havregrynene suge en smule væske (f.eks. mælk), inden de tilsættes dejen.
Bruger man tørre havregryn, bliver kagen lidt mere fast og tung, da havregrynene vil suge noget af væsken fra æggene.

Prøv evt. at erstatte noget af chokoladen med nødder, tørret frugt, M&Ms eller andet.
Man kan også tilsætte 1 spsk. kakaopulver til dejen.

Foto: Stine

Chocolate chip cookies

Ingredienser

120 g sukker

140 g farin

140 g smør

2 æg

100 g havregryn

Ca. 300 g hvedemel

1 tsk. bagepulver

1 tsk. natron

1 tsk. salt

1 tsk. vaniljesukker

300 g chokoladeknapper (hakkede)

Foto: Stine

Fremgangsmåde

Rør/pisk ved lav hastighed sukker, farin og smør sammen til en ensartet masse.

Tilsæt æg og pisk igen. Bland mel, bagepulver, natron, vaniljesukker og salt sammen i en anden skål.

Rør havregryn i æggemassen og tilsæt melblandingen lidt ad gangen, mens der røres/piskes ved lav hastighed. Dejen skal kunne trilles til små kugler.

Vend til sidst chokolade i dejen og bland den godt.

Sæt dejen på køl mindst 1 time – gerne til dagen efter.

Del dejen i 60 g stykker og rul dem til kugler.

Sæt kuglerne på en bageplade med bagepapir. Der skal være god afstand mellem dem. Tryk kuglerne en smule flade.

På en almindelige bageplade kan der være ca. 10 stk.

Bag cookies midt i ovnen ved 175 grader varmluft i ca. 15 minutter – alt efter, hvor sprøde/chewie de skal være.

Tag pladen ud og træk kagerne med bage-papir over på en bagerist.

Afkøl 15 minutter.

Lad dem afkøle helt på bageristen.

Opbevares i lufttæt dåse.

Foto: Stine

19. december

Historien bag opskriften

Nogle i min omgangskreds spurgte, om ikke jeg ville have juleflæsk med i bogen. Frugtflæsk kender jeg mest fra min tyske familie. Små, stribede stykker blævr-vingummi, der næsten vokser i munden. Jeg bliver aldrig stor fan af dette stykke konfekt, selvom børnene synes, det er mægtig sjovt at lave.

Kvædebrød derimod er en helt anden historie. Selvom de to færdige produkter i princippet ligner hinanden, føler jeg at kvædebrødene er en mere naturlig form for konfekt end det vingummiagtige flæsk.

Desuden får man ofte kvæder foræret, da mange ikke ved, hvad de skal stille op med den sure, uspiselige frugt.

Kvædebrød er meget kendt i Middelhavslandene. De hedder "membrillo" i Spanien og "cotognata" i Italien. Men kvæder optræder allerede i år 1504 i Dronning Christines hofholdningsregnskaber. I 1800-tallet var kvædebrød meget brugt som juleknas i Danmark.

Noter til opskriften

Pas på med det varme sukker. Brænder man sig på varmt sukker, skal man hurtigt tørre sukkermassen af i et viskestykke (eller forklædet) og derefter skylle det brændte område i koldt vand.

Foto: Stine

Hvis man vil teste, om kvædemassen er ved at være kogt nok ind, kan man tage en iskold tallerken (helst direkte fra fryseren) og hælde lidt mos på. Hvis det størkner, er massen færdig.

Det er kvædeskallens store indhold af pektin, der gør, at massen gelerer så godt. Jeg tænker, at opskriften kan laves med paradisæbler også, uden at jeg dog har forsøgt dette.

Kvædebrød

Foto: Stine

Ingredienser

1 kg kvæder
Skallen fra 1 citron (renset for det hvide)
1 stang vanilje (flækket)
Sukker, svarende til frugtgrødens vægt

Fremgangsmåde

Skyl kvæderne og gnid det hvide fnuller af. Skær de meget hårde frugter i kvarte og fjern kernehusene, der lægges i en tepose, så de kan koges med. Kernehusene fiskes op efter kogning.

Læg kvæderne i en gryde sammen med posen med kernehusene. Dæk dem med vand og kog frugten, til den er helt mør (ca. 1 time) og hæld derefter vandet fra. Kogevandet skal gemmes.
Smag på frugten for at teste, om der er hårde krystaller i. Hvis der er, skal mosen gennem en sigte. Ellers kan frugten moses direkte i gryden med en kartoffelstamper eller et piskeris.

Tilsæt sukkeret lidt ad gangen. Smag dig frem til, hvor sødt dit brød skal være. Rør rundt ved svag varme, til sukkeret er helt opløst. Pas på, hvis massen bobler og sprøjter. Sukkergrøden er meget varm.

Juster konsistensen med kogevandet og smag evt. til med mere sukker.
Kog nu ved svag varme, til massen er tyk og marmeladeagtig. Farven skal være gylden og karamelliseret.

Hæld massen op i en bradepande med olieret bagepapir i et ca. 2 cm tykt lag, og stil den til tørre i et par dage. Mosen skal stivne helt, så den kan skæres ud med en kniv.

Kvædebrødet kan spises, som det er, eller til f.eks. en ostemad, eller vendes i perlesukker og bruges som konfekt.
Opbevares lufttæt – evt. sammen med en lille pose ris, der kan suge fugten.

Foto: Stine

43

20. december

Historien bag opskriften

Klejnen er endnu en af de helt gamle julesmåkager, da den ikke kræver en ovn. Navnet "klejne" stammer fra det tyske "klein", der betyder "lille", og har været kendt siden middelalderen.

Fra Aabenraa i Sønderjylland findes der en opskrift med gær i. Dog er det mest almindeligt, at det er hjortetaksalt, der er hævemidlet i dette julebag.

Noter til opskriften

I de fleste opskrifter står der, at klejnen koges i fedt. Teknisk set er det ikke helt korrekt. Hvis klejnen tilberedes ved den rigtige temperatur, så trænger fedtet ikke ind i kagen, men varmen fra fedtet skaber en form for stegning. Dog kan det nok ikke undgås, at det bliver en lidt fed småkage. Derfor synes vi også, det er lækkert at tilføre lidt citronskal eller citronsaft.

Vi laver ofte dobbelt portion, da dejen sagtens kan fryses. Det nemmeste er dog at rulle dejen ud og sno klejnerne og derefter løsfryse dem på et bræt. Når de er frosset, kan de samles i en bøtte/pose.

Foto: Stine

Klejner

Foto: Stine

Ingredienser

250 g hvedemel

½ tsk. hjortetaksalt

1 tsk. kardemomme

1 tsk. revet citronskal

75 g smør

65 g sukker

1 æg

1 spsk. fløde/mælk

1 pakke palmin/raffinol

Fremgangsmåde

Bland mel, hjortetaksalt, kardemomme og citronskal. Smuldr smørret i melblandingen.

Tilsæt sukker, æg og fløde.

Ælt dejen godt sammen og lad den hvile koldt 1 time.

Rul dejen ud og skær klejner med en klejnespore. Skær riller på skrå med ca. 3 cm imellem og skær riller vandret med ca. 8 cm imellem. I midten af hver klejne skæres et 2 cm langt hul.

Vrid klejnen (stik den ene spids ind i hullet i midten), og gør en arbejdsplads klar med en plade med fedtsugende papir, en kasserolle med smeltet palmin og en hulske eller tang.

Når palminen har den rette temperatur (bruser, når man lægger en klump dej i), nedsænkes et par klejner ad gangen. Når de er lysebrune, er de færdige og lægges straks til afkøling på papiret.

Hvis palminen bruser for meget, så skru ned for varmen, hvis den ikke bruser nok, skrues der op.

Foto: Stine

21. december

Historien bag opskriften

Honningkagen husker jeg fra min barndoms ture til "Jarhmarkt". Et tilbagevendende cirkus i Flensborg med karruseller, tombolaer og ikke mindst slikboder. Her kunne man købe kæmpe slikkepinde med salmiaklakrids og chokoladeovertræk, og overalt hang der honningkagehjerter med glasur og glansbilleder. Jeg kan huske, at jeg engang fik et hjerte med mit navn på.

Jeg forsøgte sammen med min mor at bage disse honningkager, men det blev aldrig rigtig en succes. Jeg har sidenhen fundet ud af, at vi havde en helt forkert opskrift. Det må vi have haft, for vi bagte kagerne på en enkelt dag. Og den går altså ikke!

Honningkager er om noget en sønderjysk tradition. Christiansfeld er kendt for sine honningkager og har siden gammel tid distribueret dem til hele Danmark.
Honningkagens oprindelse må være af mere sydlandsk karakter. Ikke mindst pga. de krydderier, der bruges. På engelsk hedder kagen "gingerbread", altså ingefærbrød, selvom der kun er meget lidt ingefær i kagen. I England er det meget normalt at bygge huse af honningkager samt at bage kagen som en lille dreng, lig ham i eventyret om "The Gingerbread Boy" fra 1875.

Noter til opskriften

Det er honningen, der sammen med potaske og hjortetaksalt, skal få kagen til at hæve. Fordejen skal laves 1 måned før, den skal bruges, da de naturlige mælkesyrebakterier, der findes i honning og mel, skal nå at udvikle sig.

Chokoladeovertræk kun de kager, der skal spises med det samme.

Foto: Stine

Honningkager

Ingredienser

500 g honning

500 g mel

2 æggeblommer

2 tsk. hjortetaksalt

2 tsk. potaske

1½ tsk. kanel

1 tsk. ingefær

1½ tsk. nelliker

Evt. chokolade til overtræk eller

æggehvide + flormelis til glasur

Foto: Stine

Fremgangsmåde

Fordej: Honningen varmes op til 40-50 grader. Ælt den varme masse godt sammen med melet og læg dejen i en bøtte med låg. Gem fordejen i køleskabet i minimum 1 måned. (Den bliver ret hård).

Rør hjortetaksalt ud i æggeblommerne. Rør potasken ud i et par skefulde koldt vand/mælk (der udvikles varme) og tilsæt æggeblommer og potaske til fordejen.

Tilsæt krydderierne og ælt dejen godt igennem i 6-8 minutter.

Rul dejen ud i ½ cm tykkelse og stik figurer ud. (Resten af dejen kan samles og udrulles igen).

Sæt figurerne på en bageplade med papir og bag dem i 8-10 minutter ved 180 grader varmluft.

Pres forsigtigt med fingeren på toppen af en honningkage. Efterlades der et aftryk af fingeren, skal kagerne have lidt længere tid.

Kagerne virker måske ret hårde, men når de er helt afkølede, pakkes de i en dåse med et fugtigt viskestykke over og sættes på køl, så bliver de bløde igen.

Når honningkagerne skal bruges, pyntes de med glasur eller overtrækkes med smeltet chokolade. Man kan også pynte med glansbilleder eller købe spiselige billeder, der kan klistres på med glasur.

Foto: Jenne

22. december

Historien bag opskriften

Et par dage før jul plejer vi at få risengrød til aftensmad. Det er måske ikke så ernæringsmæssigt korrekt – men det er dejlig nemt. Jeg laver gerne en dobbelt portion grød, da resten gemmes til juleaften, hvor vi så laver Ris a la mande af den.

I mit barndomshjem var der ingen Ris a la mande. Men risengrød det fik vi – og det endda flere gange i løbet af december måned. Og en lille skål blev altid sat op på loftet til Nis Puk, der så var så venlig at kvittere med søde, små gaver i vores pakkekalender. Langt op gennem min barndom holdt min mor og mormor historien om Nis Puk ved lige, og jeg troede fuldt og fast på den lille, gamle nisse, der efter sigende boede på vores loft. Hos min mormor boede han i det store bornholmerur, hvor der ved juletid altid lå lidt hø i bunden af uret, og indimellem lå der gaver.

Jeg kan stadig huske, hvor ked af det jeg blev, da det gik op for mig, at det var min mor, der lavede alle nissedrillerierne, når han ingen grød fik.

Foto: Jenne

Ris a la mande

Ingredienser (grød)

4½ dl grødris
6 dl vand
2 l sødmælk
1 tsk. salt
2 spsk. sukker
2 stænger vanilje
125 g mandler uden skal
Ca. ½ l fløde

Ingredienser (sauce)

200 g kirsebær (frost)
½ dl portvin
½ dl kirsebærvin
1 dl vand
½ dl appelsinsaft
30 g rørsukker
Lidt Maizena eller
kartoffelmel

Foto: Stine

Fremgangsmåde

Grød

Kog vand og ris i en tykbundet gryde i 2 minutter. Tilsæt mælk og salt og kog grøden godt igennem under omrøring et par minutter ekstra. Sluk for komfuret og lad grøden stå og trække. Efter 15 minutter koges grøden igen under omrøring et par minutter, hvorefter den igen står og trækker. Fortsæt, indtil grødrisene er møre efter ca. en time. Juster evt. konsistensen med ekstra mælk.
Grøden serveres med kanelsukker og en smørklat.

Ris a la mande

Hak de smuttede mandler groft og pisk den ønskede mængde fløde til skum .
Man skal bruge ca. ½ portion risengrød, helt afkølet og rørt godt igennem.
Knus vaniljekornene i sukkeret og bland det i risengrøden. Bland mandlerne i og vend til sidst flødeskummet forsigtigt i lidt ad gangen. Mængden af flødeskum er med til at bestemme konsistensen.

Sauce

Kog alle væsker sammen med sukkeret, til det er helt opløst. Man kan evt. tilsætte den udskrabede vaniljestang fra grøden. Tilsæt derefter kirsebærrene og kog det godt igennem i 2-5 minutter.
Rør en skefuld kartoffelmel eller Maizena ud i en smule koldt vand og tilsæt det i saucen lidt ad gangen, til den har den konsistens, man ønsker. Obs: Saucen må ikke koge efter tilsætning af kartoffelmel!

Foto: Stine

23. december

Historien bag opskriften

Denne kage stammer fra England og kaldes også "plumpudding", selvom kagen ikke indeholder blommer. Dog skal det siges, at på gammel, victoriansk engelsk blev ordet "plum" også brugt om rosiner.

Det er ikke en kage, der er særlig kendt i Danmark. Men jeg er fascineret af de mange traditioner, der er forbundet med netop denne julekage. Hvert hjem synes at have sin egen opskrift. Man kan variere kagen både i forhold til frugtfyldet, alkoholvalg og meget andet godt.

Myten fortæller, at alle traditioner omkring denne kage har noget med religion at gøre. De 13 ingredienser henviser til Jesus og disciplene. Den lange tilberedningstid hænger sammen med 25. søndag efter Trinitatis ("stir-up-sunday" – kort før advent), hvor samtlige familiemedlemmer skal røre i dejen fra øst mod vest for at ære Jomfru Marias rejse.

I 1700-tallets England blev kagen serveret ved kongens hof og i den lavere klasse, især fordi den ikke krævede bagning i ovn, som kun meget få havde på det tidspunkt.

Det vigtige ved denne sjove kage er, at den hænges til tørre i et klæde, hvorved alle smagsstofferne intensiveres. Før servering overhældes den med brandy og antændes.

Pga. det høje indhold af sukker og alkohol samt den lange tørreperiode er det en meget holdbar kage. I mange familier er der tradition for at gemme kagen helt til påske.

Noter til opskriften

Denne kage laves normalt midt på sommeren og graves ned i haven. Det gør vi ikke, men det er stadig en god idé at lave en god tidsplan.
Kagen skal bages senest i slutningen af oktober. Herefter skal den opbevares koldt og fodres ugentligt med alkohol indtil midt i december. I gamle dage hængte man kagen i et klæde i spisekammeret. Jeg vil foreslå køleskabet.

I England bruges fedtstoffet "suet", der kan erstattes af smør.

Det er også en gammel tradition at røre en sølvmønt ind i dejen for at bringe velfærd i det nye år. Hvis man ønsker at gøre det, rens da mønten godt i f.eks. cola.

Hvis man ikke ønsker at dampe kagen, kan den bages i ovn i en springform ved 140 grader i 2½ - 3½ time. (Læg et låg af sølvpapir over efter den første time).

Christmas pudding

Ingredienser

150 g tørrede solbær/cocktailbær

150 g rosiner/korender

150 g hakkede svesker

150 g smuttede mandler

50 g sukat

Revet skal fra 1 citron

Ca. ½ dl sherry/rom

100 g mel

125 g franskbrød

150 g fedt (suet)/smør

150 g mørk muscovadosukker

1 tsk. kanel

1 tsk. bagepulver

1 knsp. stødte nelliker

3 store æg

Tern af 1 æble

2 spsk. honning

Ca. 2 cl vodka

Foto: Stine

Fremgangsmåde

Lad frugt og mandler trække i sherry eller rom i en uges tid.

Smør en form (husk også låget) og placer den i et vandbad. Bland resten af ingredienserne (undtagen vodka) til en dej. Sigt frugten og tilsæt den til dejen (gem væsken).

Skrab dejen ud og pres den ind i formen. (Eller formene, hvis man har valgt små forme). Nu skal kagen dampes i 5 timer (3, hvis der er brugt mindre forme). Pak evt. formen ind i husholdningsfilm, så man undgår, at vand trænger ind til kagen. Påfyld ekstra vand, hvis det fordamper. Tag forsigtigt formen op, fjern filmen og placer kagen køligt indtil jul. (Opbevares i ca. 4-6 uger, hvor man med en uges mellemrum pensler den med væsken fra frugten eller lidt ekstra rom).

Før kages serveres, overhældes den med opvarmet vodka og antændes.

Man kan også vælge at pensle den med marmelade og overtrække den med marcipan eller lave en glasur af æggehvider og flormelis. Man kan også overhælde den med kondenseret mælk.

Kagen pyntes med en kvist fra kristtjørn.

24. december

Historien bag opskriften

Bûche de Noël betyder "juletræstamme". Det er egentlig "bare" en roulade. Det, der gør den til en julekage, er pynten.

Kagen bruges som dessert til julemåltidet i mange fransktalende lande. Det er egentlig en hedensk skik tilbage fra middelalderen, hvor man i de nordiske lande fejrede solhverv ved at afbrænde en træstamme som offer til guderne for at sikre en god høst i det nye år.

Noter til opskriften

Pynten fremstilles af marcipan, smørcreme, marengs, fondant eller sukkerglasur.

Typisk udsprøjtes figurer fra skoven. Det kan være små grantræer eller svampe. Det kan også være julemotiver som f.eks. nisser og snemænd.

Jeg har lavet svampe af italiensk marengs, der kan drysses med kakao eller frysetørrede hindbær.

75 g æggehvider piskes stive. ½ dl vand + 160 g sukker koges op til 115 grader og piskes langsomt i hviderne. Pisk i ca. 10 minutter, til massen er sej og afkølet.

Sprøjt hatte og stilke ud og bag dem nederst i ovnen ved 100 grader i godt 1 time.

Svampene samles med smeltet chokolade.

I stedet for creme kan man fylde rouladen med marmelade og overtrække den med ganache.

Foto: Brian

Bûche de Noël

Ingredienser (bund)

25 g smør

70 g æggeblommer

75 g sukker

75 g mel

100 g æggehvider

1 tsk. sukker

Lidt ekstra sukker

Ingredienser (creme)

1 l mælk

8 æggeblommer

250 g sukker

110 g Maizena

150 g nougat

Evt. 3 tsk. instant kaffe

Kakaopulver

Lidt cognac

Foto: Stine

Fremgangsmåde

Bund

Smørret smeltes i en gryde og afkøles lidt.

Æggeblommer og sukker piskes luftigt. Melet sigtes og vendes i æggesnapsen.

Æggehviderne piskes til skum. Tilsæt 1 tsk. sukker og pisk herefter hviderne stive.

Vend forsigtigt hviderne i dejen sammen med det smeltede smør.

Med en paletkniv bredes dejen ud på et stykke bagepapir i ca. 1½ cm tykkelse. Bunden bages midt i ovnen ved 140 grader i ca. 7 minutter. Får den for meget, bliver den tør.

Drys sukker på et stykke bagepapir og vend bunden over på det, lige når den er kommet ud af ovnen. Læg et opvredet viskestykke over bunden, indtil den skal rulles med cremen.

Creme

Mælk og evt. kaffe koges op.

Rør æggeblommer, sukker og Maizena sammen og tilsæt den kogende mælk til blandingen under konstant piskning. Hæld hele blandingen tilbage i gryden og kog igennem i ca. 1-2 minutter, til den tykner. Afkøl cremen i køleskab i 5-10 minutter.

Pisk cremen med nougat, til den er smidig og glat og smag til med kakaopulver og cognac.

Bred ¾ af kaffecremen ud i et ½ cm tykt og jævnt lag. Rul rouladen stramt og pak den ind i husholdningsfilm. Læg rouladen i køleskab, indtil den skal bruges.

Skær to ca. 2 cm tykke skiver af på skrå. Lad den ene skive være i fuld størrelse og den anden en smule mindre i diameter. Anbring den store skive ovenpå træstammen ved at 'klistre' den fast med lidt af kaffecremen. Sæt den lille skive på siden. Brug en paletkniv og dæk hele rouladen med resten af kaffecremen. Brug en gaffel eller rillet spatel til at trække et mønster, der skal ligne bark.

Pynt kagen med figurer i marcipan eller lignende.

Nytår

Historien bag opskriften

Som barn fik jeg ofte denne chokolade. Den var købt i Tyskland og kom i en kræmmerhusformet pla-sticpose. Selve chokoladen var støbt i små folieskåle. Mine børn er ikke så vilde med selve chokoladen, men de elsker at lave dette lille, nemme stykke konfekt, og det er en perfekt gave til morfar, der elsker denne type chokolade.

Da den er pakket ind i små sølvforme, er det også en god konfekt at dele ud af til "rummelpot-løberne" til nytår. Rummelpot er en Nederlandsk tradition, der har bredt sig gennem Tyskland til Sønderjylland, hvor børn går fra dør til dør og ønsker et godt nytår. I gamle dage spillede de på en "rummelpot" – en lerkrukke med skind over. Ved døren tilbydes de ofte et stykke konfekt eller noget andet lækkert.

Pralinen stammer fra 1927 i Tyskland og kaldes Eiskonfekt. Pga. mængden af kokosfedt, vil pralinen virke kold i munden, da den har en smeltetemperatur på ca. 20-23 grader. Når den kommer i munden, vil den bruge energi fra varmen og vil derfor føles kold på tungen. Nogle fabrikanter tilsætter også lidt menthol, der er med til at give en afkølende effekt.

Noter til opskriften

Tilsæt evt.:

- Pebermynte
- Lakrids
- Krydderier
- Krokant
- Romessens
- Etc.

Foto: Stine

Eiskonfekt

Ingredienser

250 g hvid/lys/mørk chokolade
125 g kokosfedt (palmin)
¼ dl flormelis

Foto: Stine

Fremgangsmåde

Knæk chokoladen i mindre stykker, læg den sammen med fedt og flormelis i en skål og smelt blandingen over et vandbad.
Rør ingredienserne sammen og hæld blandingen op i små folieforme.

Foto: Jenne

Nytår

Historien bag opskriften

Jeg har altid elsket marcipan og kransekage.

Den helt store kransekageprøve for mig var, da jeg engang skulle lave en bryllupskage til et vennepar.
To sammenflettede hjerter med masser af små stykker konfekt i midten. Efter denne kage var det ikke
længere sjovt at nøjes med at lave det klassiske tårn til nytår.

Inspireret af mange flotte billeder på internettet har vi formet kransekager som kurve, ure, dyr og vo-
res favorit – en stjerne.

En af de mest pompøse kransekager er overflødighedshornet, der har sine rødder i den græske myto-
logi og er et symbol på frugtbarhed og overflod.

Selve kransekagetårnet er en skandinavisk tradition. I slutningen af 1700-tallet fandt en københavnsk
konditor på at bage ringe af kransemasse. Selve marcipanen er nok kommet til Norden fra det gamle
Persien, selvom byen Lübeck i Nordtyskland ved juletid ynder at fortælle en mere romantisk historie
om, hvordan man under hungersnøden kun havde lidt sukker og nogle mandler tilbage og deraf lavede
små brød, der blev kaldt "Markusbrød" (latin: Maci Panis), som blev delt ud til de fattige på Markus-
dag.

Foto: Stine

Kransekage

Foto: Stine

Ingredienser

1 kg marcipan/kransemasse
400 g rørsukker
200 g æggehvider
Flormelis til glasur

Fremgangsmåde

Rørsukker (kan evt. erstattes af 300 g flormelis) røres sammen med 180 g af hviderne. Lad det trække en times tid, til sukkeret er helt opløst.

Ælt marcipan ind i massen. (Man kan også varme det hele op og lade massen koge sammen).

Tegn figurer spejlvendt op på bagepapir eller brug skabeloner. Vend bagepapiret om og sprøjt kranse-massen ud på figurerne. Jeg plejer at bruge dobbelt sprøjtepose, da massen er meget sej).

(Til stjernen tegnes tre trekanter på hhv. 18 cm, 15 cm og 12 cm. Til tårnet rulles pølser, der samles til ringe. Den mindste ring er 8 cm i omkreds og herefter øges med 4 cm pr. ring).

Lad de udsprøjtede figurer lufttørre en times tid. Glat overfladen med vand og bag dem i 8-10 mi-nutter ved 180 grader varmluft. Lad kagerne køle helt af.

Foto: Stine/Peter

Man kan evt. dyppe bun-den af kagerne i smeltet chokolade.

Lav en glasur af flormelis, pisket ud i æggehvide, til den er sej og tyktflydende. Hæld hurtigt glasuren op i en cornette/lille sprøjtepo-se og sprøjt i en jævn strøm, mens hånden bevæ-ges fra side til side over kagen.

3 hurtige – Cornflakestoppe

Ingredienser

Mørk chokolade
Cornflakes

Foto: Stine

Fremgangsmåde

Smelt den ønskede mængde chokolade i et vandbad eller i mikroovn. Rør jævnligt i den. Når den er flydende, tilsættes en passende mængde cornflakes.

Massen vendes godt sammen og placeres i små portioner på en plade.

Når chokoladen er størknet, er konfekten færdig.

Foto: Stine

3 hurtige – Marcipankonfekt

Ingredienser

Råmarcipan

Flormelis

Frugtfarve

Evt. nougat

Evt. kakaopulver

Evt. mandler, rosiner og
nelliker til pynt

Foto: Stine

Fremgangsmåde

Marcipanen æltes med flormelis i forholdet 3:2. (Det vil sige f.eks. 300 g marcipan og 200 g flormelis). Man kan sagtens lav marcipankonfekt i forholdet 2:1, hvis man ønsker en mindre sød udgave. Del massen op og indfarv portionerne med hver sin frugtfarve.

Lav små figurer af marcipanen. Vi synes, det er meget sjovt at lave frugter; appelsiner, æbler, bananer med mere. Til bananerne bruger vi kakaopulver til at male streger ned langs siden, kirsebær hænger vi sammen med fyrrenåle, og æblernes blomst er en nellike.

Den klassiske "kartoffel" laves nemt med en kugle marcipan, trillet i kakaopulver.

Skal det gå hurtigt, kan man rulle marcipan ud til ca. 2 mm tykkelse. Gør det samme med nougat og læg 3 lag med nougat i midten. Med en skarp kniv skæres konfekten ud i små rhomber.

Foto: Stine

Foto: Stine

3 hurtige – Bounty

Ingredienser

Kondenseret mælk (dåse)

Kokosmel

Lys eller mørk chokolade

Foto: Stine

Fremgangsmåde

Dåsens indhold hældes ud i en skål. Tilsæt kokosmel, til massen er tyk og kan formes til små brød eller kugler. Rør godt rundt og juster med mere kondenseret mælk, hvis massen falder fra hinanden, når brødet formes.

Foto: Stine

Form bountybrødene. Dette er et meget klistret arbejde og tager lidt tid. Man kan evt. have en skål med koldt vand stående, så man kan skylle fingrene. Brødene formes nemmest med rene fingre.

Smelt chokoladen i en skål over kogende vand. Rør hyppigt i chokoladen. Når den er helt flydende, placeres bountyerne på en rist og overhældes med chokolade.

Man kan også vælge at dyppe stykkerne ned i skålen ved hjælp at en gaffel, hvor den midterste gren er bøjet op.

Ekstranummeret – Julehjertet

Ingredienser

200 g smør
200 g flormelis
1 æg
Ca. 400 g mel
2 spsk. kakao

<u>Smagsvariationer</u>
Citronskal, kardemomme,
vanilje, ingefær, kanel, appelsin etc.

Foto: Stine

Fremgangsmåde

Smuldr smør, sukker og ca. 350 g mel sammen og saml dejen med sammenpisket æg. Dejen må ikke være for tør. Del dejen i to og tilsæt kakao til den ene halvdel og f.eks. vanilje til den anden halvdel. Ælt dejene op med mel, til de ikke klistrer mere. Lad dejen hvile på køl i ca. 1 time.

Lav disse 2 skabeloner (pas på, at de ikke bliver for små).

 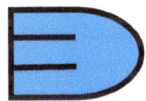

Rul hver dej ud i 3–4 mm tykkelse.
Skær dejen ud efter skabelonen.
Til hvert småkage skal man bruge 1 x
halvhjerte med riller + 1 x halvcirkel i hvid
+ det samme i brun.

Flet hjertet af en hvid og en brun dej.
Efter flettearbejdet lægges en ekstra
halvcirkel på den del af hjertet, der ikke
består af dobbeltlag dej. På den måde
bliver dejen lige tyk over det hele.

Bag hjerterne ved 180 grader varmluft, til
de er let gyldne. Bagetiden afhænger af
dejens tykkelse.

Foto: Stine

Hævemidler

Det er ikke altid lige, man har det hævemiddel ved hånden, som opskriften foreskriver.

Så her kommer en lille guide til bedre at forstå de enkelte hævemidler, og hvilke man kan erstatte med andre hævemidler.

Bagepulver
Består af natron, tilsat et surt salte samt lidt stivelse for at undgå at det klumper.
Når man tilfører væske til bagepulveret, udvikles der CO_2, der er de små luftbobler, der hæver kagen.
Deje med bagepulver bør bages straks efter, de er rørt sammen.
Bagepulver kan erstattes af natron. 1 tsk. bagepulver svarer ca. til ½ tsk. natron. Husk dog at din kage skal indeholde en form for syre, hvis man erstatter bagepulver med natron.

Natron
Tvekulsurt natron reagerer med vand. Er der en syre til stede, vil der dannes CO_2, der får kagen til at hæve. Er der ingen syre til stede, vil der i stedet dannes soda, der kan give kagen en sæbeagtig smag. Natron bruges derfor ofte i bagværk med kærnemælk eller andet surmælksprodukt og helst i krydrede kager, så en evt. rest af soda kan "overdøves".

Potaske
Fremstilles i dag syntetisk, men blev tidligere fremstillet ved udludning af aske fra træer.
Virker kun som hævemiddel, hvis der er en syre i dejen. Det giver en sprød og lidt porøs, skør overflade. Kagen hæver ikke så meget opad, men flyder lidt ud. Potaske er mest anvendelig i kager med stor overflade for at undgå den lidt ludagtige smag, der kan dannes.

Hjortetaksalt
Udvikler sig, når det varmes op til mere end 60 grader. Her dannes der CO_2 (luftbobler) og ammoniak. Ammoniak kan lugte meget skarpt, hvorfor hævemidlet oftest bruges i kager med stor overflade (f.eks. småkager), så ammoniakaromaen kan nå at fordufte.
Den kraftige luftudvikling gør, at kagen hæver hurtigt og meget, og der dannes en sprød overflade. Tidligere blev det fremstillet af ben og – som navnet antyder – af hjortegevir. I dag fremstilles det syntetisk.

Gær
Gær er en levende svamp. Den kan derfor dræbes, hvis væsken, den opløses i, er for varm. Væsken bør have stuetemperatur, så svampen kan udvikle sig, dog ikke varmere end fingervarmt.
Gæren lever af det mel og sukker, der er i dejen. Som alle andre levende organismer udskiller den CO_2 , hvilket gør, at dejen hæver. Der skal være gluten til stede (almindeligt hvedemel), da det er det,

der gør dejen så elastisk, at den kan holde på luftboblerne. Hvedemel bør udgøre minimum ⅓ af den samlede mængde mel. Gær købes oftest frisk i små pakker a 50 g, men kan også købes som tørgær. Frisk gær opløses i vand, hvorefter mel tilsættes. Tørgær røres ud i mel, hvorefter væske tilsættes.

Honning og øl

Honning og øl indeholder begge naturlige gærceller, der kan bidrage til en vis hævning. Dog slet ikke i samme omfang som almindeligt gær. Desuden skal man være opmærksom på, at det afgiver smag til det, man bager.

Honning og gær er gode ingredienser til at starte en surdej op med.

Selfraising flour

Er meget brugt i engelske og amerikanske opskrifter. Faktisk er det blot mel tilsat bagepulver. Man kan sagtens lave sin egen blanding. Man skal så bruge ca. 1 tsk. bagepulver til 150 g mel.

Surdej

Surdej er en blanding af gærsvampe og mælkesyrebakterier, som danner mælkesyre, der afgiver en lidt særpræget smag til bagværk, bagt på surdej (f.eks. rugbrød).

Surdej fremstilles ved at blande mel og vand og lade det stå tildækket i et koldt rum i 2-3 dage, så der forekommer en naturlig gæring. Man kan kickstarte processen ved at tilsætte lidt honning eller yoghurt. Når dejen har dannet en god kultur (dufter af kærnemælk), fratages en del af den, der bruges som start på en brøddej. Resten af surdejen spædes op med ekstra mel og vand og stilles så igen til gæring indtil næste gang, der skal bages. Surdeje er meget forskellige. En god surdej bør man passe og pleje. Helst skal der bages af den på ugentlig basis. Springer man over, kan man blot fjerne lidt surdej og spæde op, så kulturen holdes i gang.

Surdej bør opbevares i en krukke med glaslåg (IKKE tætsluttende). Surdejen kan opbevares på køkkenbordet, men skal så opfriskes ca. hver fjerde dag. Eller på køl, hvor opfriskningen bør ske ugentligt. Jo længere tid, der går, før man bager med surdejen, jo syrligere bliver smagen. Jeg plejer at bage med den 1-2 døgn efter opfriskningen. Det giver en dejlig, mild og syrlig smag i mit rugbrød.

Pisk 2 dl vand sammen med 1 dl hvedemel og 1 dl groft mel. Tilsæt evt. 1 tsk. honning og lad dejen stå i 3-4 dage på køkkenbordet. Rør dagligt i den. Duft til den; dufter den af kærnemælk, er den klar til brug. Man kan sagtens bruge dejen i opskrifter med gær, hvor man erstatter noget af gæren med lidt surdej. Prøv dig frem. Genopfrisk jævnligt surdejen med lidt vand og mel. Smid ud eller forær til bekendte, hvis der er for meget.

Hvis surdejen lugter muggen, er den dårlig og bør mides ud. Start forfra. Den skal dufte af frisk kærnemælk.

Tak

Tak til alle, der har bagt, testet og smagt hele vejen hen over deres sommerferie. Det var ikke altid nemt at komme i julestemning, mens solen skinnede fra en skyfri himmel, men det lykkedes os at få bagt alle julekager, mens bogen blev til. Og især tak til Dorthe, der har brugt tid på at gennemlæse opskrifterne for mig, og Brian, der gentagne gange har taget opvasken.

Også tak til mine elever på GF 1 gastronom 2017. I har været med til at testbage og vurdere nogle af opskrifterne. Jeres bidrag har været et spændende input. Jeg glæder mig til at se, hvordan I selv i fremtiden vil samle jeres favoritopskrifter.

Tak til mine skønne børn og alle deres venner, der har stillet op til dejlige julebilleder.
Og tak til alle jer, der har været med til at opstille og tage billeder undervejs.
Også en stor tak til min far, Per Mauter, der har ydet teknisk support.

En kæmpe tak til Eva, der har læst korrektur på de mange tekster. Du er benhård; jeg elsker det!

Medvirkende

Fotografer

Mads Kresten Andersen
Jens Peder Meyer
Stine Meyer
Maj-Britt Susanne Ulrich
Maria L.O. Møller
Peter Aggerholm

Modeller

Noah Meyer
Lara Meyer
Mie Pedersen Julius
Anders Perlewitz
Otto Soubak
Olivia Frimann Bøgelund
Jette Meyer
Julika Främbs
Steffen Callesen
Tobias Hallgreen
Lucas Beuschau
Sebastian Beuschau
Julie Andersen

Anne Borring Simonsen
Silje Borring Simonsen
Cedric Andersen
Ditte Rudbeck
Isabelle Andersen
Lewe Jansen
Signe Møller Hjermitslev
Anna Møller Hjermitslev
Ester Møller Hjermitslev
Vega Kappel Pedersen
Liva Lønne
Karoline Mortensen
Naja Marie Callesen
Benjamin Hallgreen
Espen Lindfos Seifen
Niklas Wenzel
Nikolione Wenzel
Bo Andersen
Jonas Wulff
Bjørk Jannsen
Loke Jannsen
Finn Riese
Anna Riese

Aino Jannsen
Smilla Jannsen
Lena Jannsen
Eline Gosch
Liva Mauter
Ingrid Sommerlund
Seier Sommerlund

Foto: Stine